JULES CREVAUX

(1847-1882) .

JULES CREVAUX

BIBLIOTHÈQUE D'ÉDUCATION NATIONALE

LES GRANDS FRANÇAIS

VOYAGES & DÉCOUVERTES

DE

J. CREVAUX

NOTICE BIOGRAPHIQUE, RELATIONS DE VOYAGE

PAR

Georges FRANCK

AGRÉGÉ D'HISTOIRE, PROFESSEUR AU LYCÉE D'ANGOULÊME

AVEC PORTRAIT PAR M. LEJANNE, PHARMACIEN DE LA MARINE

COMPAGNON DE CREVAUX

UN AUTOGRAPHE, QUATRE GRAVURES ET TROIS CARTES

(Renseignements biographiques inédits fournis par la famille)

PARIS

LIBRAIRIE PICARD-BERNHEIM ET Cie

11, rue Soufflot, 11

COLLECTION PICARD

BIBLIOTHÈQUE D'ÉDUCATION NATIONALE

LES GRANDS FRANÇAIS

VOYAGES & DÉCOUVERTES

DE

J. CREVAUX

(NOTICE BIOGRAPHIQUE, RELATIONS DE VOYAGE)

PAR

G. FRANCK

AGRÉGÉ D'HISTOIRE, PROFESSEUR AU LYCÉE D'ANGOULÊME

*Avec portrait par M. Lejanne, pharmacien de la marine,
compagnon de Crevaux*

UN AUTOGRAPHE, QUATRE GRAVURES ET TROIS CARTES

(Renseignements biographiques inédits fournis par la famille)

 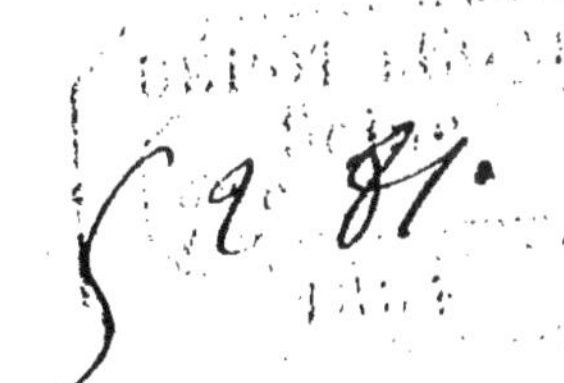

PARIS

LIBRAIRIE PICARD-BERNHEIM & Cⁱᵉ

II, RUE SOUFFLOT, II

Tout exemplaire de cet ouvrage non revêtu de notre signature sera réputé contrefait.

Paris 16 — 9bre 1881

Mon cher ami,

rien d'fait, pas de ministres
pas de Compétiteur de ministères,
mais je pars quand même

J'ai une feuille de route
pour vendredi soir —

J'ai fait regretter le départ
de ton frère par Mr. I. G. Arroux
de avoir qu'il n'y a pas de
difficultés

Je t'écrirai depuis Lisbonne

ci-joint chargée pour

mr J Crouan négociateur

à Nantes a recette

en temps opportun

écris-moi en mot à

Bordeaux à bord du Paquebot

partant le 20 pour

Buenos ayres

Meilleurs sentiments

J. C.

JULES CREVAUX

(1847-1882)

CHAPITRE PREMIER

Enfance et jeunesse de Jules Crevaux. — Développement de son
caractère. — Crevaux à l'école navale de Brest; médecin de
la marine; ses premiers voyages.

LE 27 avril 1882, un nom illustre
venait grossir la liste, déjà longue,
des grands explorateurs morts victimes de
leur dévouement à la science. Comme
Francis Garnier, auquel il ressemblait par
l'intrépidité, l'audace, la ténacité et la belle

humeur toute française, le docteur Crevaux, à peine âgé de trente-cinq ans, succombait loin de son pays, frappé par des populations sauvages qui ne respectaient pas ses restes. Mais son souvenir et son œuvre demeurent à la France, défendus contre l'oubli par la sympathie et l'admiration.

Jules Crevaux naquit le 1er avril 1847, à Lorquin, gros bourg de la Meurthe, que le traité de Francfort nous a enlevé. Il était fils de Nicolas Crevaux, boucher, aubergiste et marchand de chevaux, et de Marguerite Pierron. Peut-être avait-il hérité, par un de ses bisaïeuls (1), originaire de Guingamp, de l'opiniâtreté bretonne.

Fils unique et choyé de sa famille, surtout de sa grand'mère paternelle, Jules Crevaux, capricieux, violent, mais bon, ne montra d'abord aucun goût pour l'étude. Il n'entra à l'école primaire qu'avec répugnance : « *J'aime mieux*, disait-il, *être casseur de pierres que d'aller à l'école.* » Il n'y fit rien jusqu'à

(1) Bisaïeul paternel.

l'âge de neuf ans : on lui apprit alors, avec beaucoup de peine, à écrire son nom. Mais, humilié d'être le dernier des enfants de son âge, il se mit tout à coup au travail avec une sorte d'emportement, et les devança tous.

Jules Crevaux manifestait déjà un rare esprit d'observation. Un jour, dans une promenade avec le maître adjoint, il découvrit une pétrification (1). Revenu à l'école, et préoccupé de sa trouvaille, il rédigea, à sa manière, une sorte de dissertation qu'il offrit à l'instituteur (2).

En 1856, Crevaux perdit son père : il conservait une mère tendre, des oncles, des amis dévoués ; son éducation ne fut pas interrompue. Une occasion s'offrit à quelques familles de faire commencer le latin à leurs enfants. Crevaux fut du nombre des privilégiés. Impatient de progresser, il réclamait le *Selectæ* en traduisant l'*Epitome*. Son labeur

(1) Substance animale ou végétale, changée en matière pierreuse.

(2) L'instituteur, qui vit encore, regrette de ne pas l'avoir conservée : il a gardé la pétrification.

opiniâtre lui permit bientôt d'entrer en cinquième au lycée de Nancy. C'était un grand succès, mais qui ne répondait pas encore à ses désirs, bien qu'il eût pu *sauter une classe*. Il se découragea subitement, et sa mère dut aller à Nancy pour le raisonner. Peu de temps après, elle mourut. Jules Crevaux se sentit responsable de son avenir; son jugement prit une maturité précoce : il résolut d'être l'homme de lui-même. Dès lors, plus de défaillances. « *Je travaille, écrit-il à cette époque, et je ne m'ennuie jamais... le temps passe trop vite... je voudrais que les jours eussent quelques heures de plus... Nous avons composé aujourd'hui en histoire... mais malheureusement je n'ai pas pu terminer... Malgré tout, j'aurai une bonne place...* » Il fut reçu bachelier ès lettres à sa sortie du lycée (1).

Le moment était venu pour lui d'embrasser une carrière : Jules Crevaux choisit la

---

(1) A Nancy, 4 novembre 1865. — Bachelier ès sciences, 19 novembre 1866.

médecine. Il commença à Nancy ses nouvelles études et les continua à Strasbourg.

Nous relevons, en passant, un trait de caractère qui rappelle l'histoire de la pétrification. Les habitants de Lorquin furent un jour fort surpris de trouver dans le journal un article de Crevaux sur les taupes. Il y rendait compte de ses observations personnelles sur les mœurs de ces animaux que l'on regarde généralement comme nuisibles. Il s'en était procuré quelques familles et leur avait offert des larves et des racines; les taupes avaient dévoré les larves et respecté les racines. Crevaux en concluait que la taupe ne s'attaque pas aux plantes, et qu'au lieu de la détruire les agriculteurs devaient la protéger.

Il voulait exercer dans l'armée, comme un de ses cousins, alors à Lunéville. Mais, sur le conseil d'un adjudant, retraité à Lorquin, il se décida à faire son chemin dans la marine, où l'avancement était plus rapide et le traitement plus élevé. En 1867, il entra à l'école navale de Brest. Ses facultés d'observation, son humeur aventureuse, trouvaient d'ailleurs leur satisfaction dans les voyages lointains.

« Ce qui l'attirait dans notre école, » écrit M. Lejanne, son condisciple à Brest, plus tard son compagnon de gloire, « c'était le désir de visiter des régions peu connues, la certitude de courir le monde, les périls et les émotions de la vie de marin; car, le danger, il l'aimait, et on peut dire que c'était son élément. »

A Brest, comme à Lorquin, sa personnalité impose l'attention. « Il était doué, ajoute M. Lejanne, d'une grande sagacité. Je me rappelle diverses communications qu'il fit à notre professeur de physique et que nous accueillîmes avec un vif intérêt (1) ».

Le 24 octobre 1868, Crevaux prenait place dans cet illustre corps des médecins de la marine qui a formé tant d'hommes de cœur et de talent. Il fit son premier voyage en 1869, sur le transport *la Cérès*. Le jour du départ fut pour lui un jour de fête.

(1) Notice sur Jules Crevaux.

En quelques mots joyeux, il l'annonce à ses amis de Lorquin.

Cherbourg, 24 octobre 1869.

Quelques mots. . . . .

Je suis arrivé à 1 heure à Cherbourg; à 2 heures, je mets le pied sur le canot. Pars pour la *Cérès*...

Coïncidences : le 24 octobre 1868, nomination; le 24 octobre 1869, embarquement. S'il n'y a rien d'extraordinaire, jeudi, nous levons l'ancre... Pars pour Cadix (Espagne).

Cérès, c'est un bien beau nom; on dit « la blonde Cérès aux épis d'or. » Mais la déesse des moissons a vieilli... Les ingénieurs du port de Cherbourg veulent, sinon lui donner sa retraite, du moins avoir le plaisir de lui radouber les flancs...

Le commerce cherbourgeois a tout intérêt à nous tenir un mois dans le port... mais nous partirons *quand même*... Nous séjournerons un bon moment à Toulon; nous y ferons les réparations nécessaires. J'ai passé la journée à bord; je me suis initié aux habitudes de la mer... Je crois que je ferai un marin passable (1)...

Jules Crevaux revint en France le 20 juil-

(1) Dans ce premier voyage, J. Crevaux, embarqué comme aide-médecin, visita la Guyane, les Antilles et le Sénégal. A bord du navire, il observa un cas d'hématurie chyleuse qui fut le point de départ de sa thèse inaugurale.

let 1870. La guerre avec la Prusse était commencée.

Quand nos fusiliers marins quittèrent enfin les ports pour défendre les provinces envahies, les places fortes bloquées, Crevaux, dont l'ardent patriotisme se révoltait contre l'inaction, sollicita et obtint un emploi dans le 4ᵉ bataillon des marins de Cherbourg. On connaît les états de service de la marine en 1870. Le 4ᵉ bataillon perdit son commandant et fut presque détruit à Fréteval (1). Crevaux, fait prisonnier, réussit à s'échapper, traverse les lignes prussiennes, parvient à Bourges et offre ses services au ministre de la guerre, qui le charge de plusieurs missions dangereuses dans Orléans occupé, puis dans Salins (2) investi par l'ennemi.

A Chaffois, il reçoit une balle dans le bras (24 janvier 1871). A peine guéri, il reprend son poste dans les fusiliers marins et ne le quitte qu'en avril, pour rentrer à Brest.

(1) Près de Vendôme (Loir-et-Cher).
(2) Jura.

Nommé médecin de 2ᵉ classe, le 28 octobre 1873 (1), Jules Crevaux fit en cette qualité une campagne dans les eaux de l'Amérique du Sud et publia le résultat de ses observations dans la *Revue coloniale* (2). Ses remarquables rapports à la Société de géologie le mirent en vue et lui valurent des relations dont il sut profiter. C'est dans ce voyage qu'il reçut, dit-il en plaisantant, son troisième baptême : « *Le premier fut celui de la chrétienté; le second, celui des tropiques; le troisième, celui de la ligne... me voilà complet* (3) ».

(1) Crevaux soutint sa thèse de docteur à Paris, le 22 mars 1872.

(2) Cf. *Bulletin de la Société géographique de Marseille*, juillet-septembre 1882.

(3) Ce voyage dura du mois de décembre 1873 au 23 janvier 1876. Une doctrine établie à cette époque considérait les énormes pierres polies et striées des pampas de la Plata, comme des blocs erratiques, transportés par un glacier. « Crevaux n'eut pas de peine à démontrer à la Société de géologie, que ces roches ont été polies et striées sur place par d'immenses nappes d'eau animées d'une prodigieuse vitesse et emportant de nombreux débris. Un argument sans réplique est que certaines d'entre elles sont encore attachées à la roche mère, et le docteur eut soin d'en prendre des photographies. » (Lejanne.)

Crevaux allait à Lorquin en congé ou en convalescence, mais ne cessait d'y travailler; l'activité de son esprit était extraordinaire. « Il ne pouvait demeurer en repos, » m'écrit un de ses amis. « Combien de fois, en venant me voir, m'a-t-il tenu debout! Il entrait vivement dans ma chambre « pour un instant »: il s'agissait de l'aider, de dresser une carte, de copier un rapport... « pour le courrier du soir », disait-il en sortant; mais il m'emmenait dans la rue, au froid bien souvent, m'entretenant avec feu de s es projets, d'un fleuve à explorer, d'une route commerciale à découvrir; je le chassais pour me mettre à ma besogne, qu'il fallait bientôt remanier après une nouvelle visite. »

CHAPITRE II

J. Crevaux explorateur. — Voyage aux sources du Maroni.
Découverte des monts Tumuc-Humac et du Yari.

En 1876, Crevaux conquit au concours son troisième galon. Nommé médecin de 1re classe (1), il fut chargé, sur sa demande, par le ministre de l'instruction publique, d'une exploration dans le haut Maroni. Depuis longtemps il avait tourné ses pensées vers la Guyane française, dont il entrevoyait le brillant avenir. Ses rêves allaient se réaliser. L'entreprise était périlleuse. Beaucoup l'avaient tentée; nul n'avait réussi. Pour la mener à bonne fin, Crevaux n'avait à compter que sur lui-même; c'était là ce qui lui plaisait. Indépendant de caractère et conscient de ses

(1) Le décret est du 7 novembre 1876.

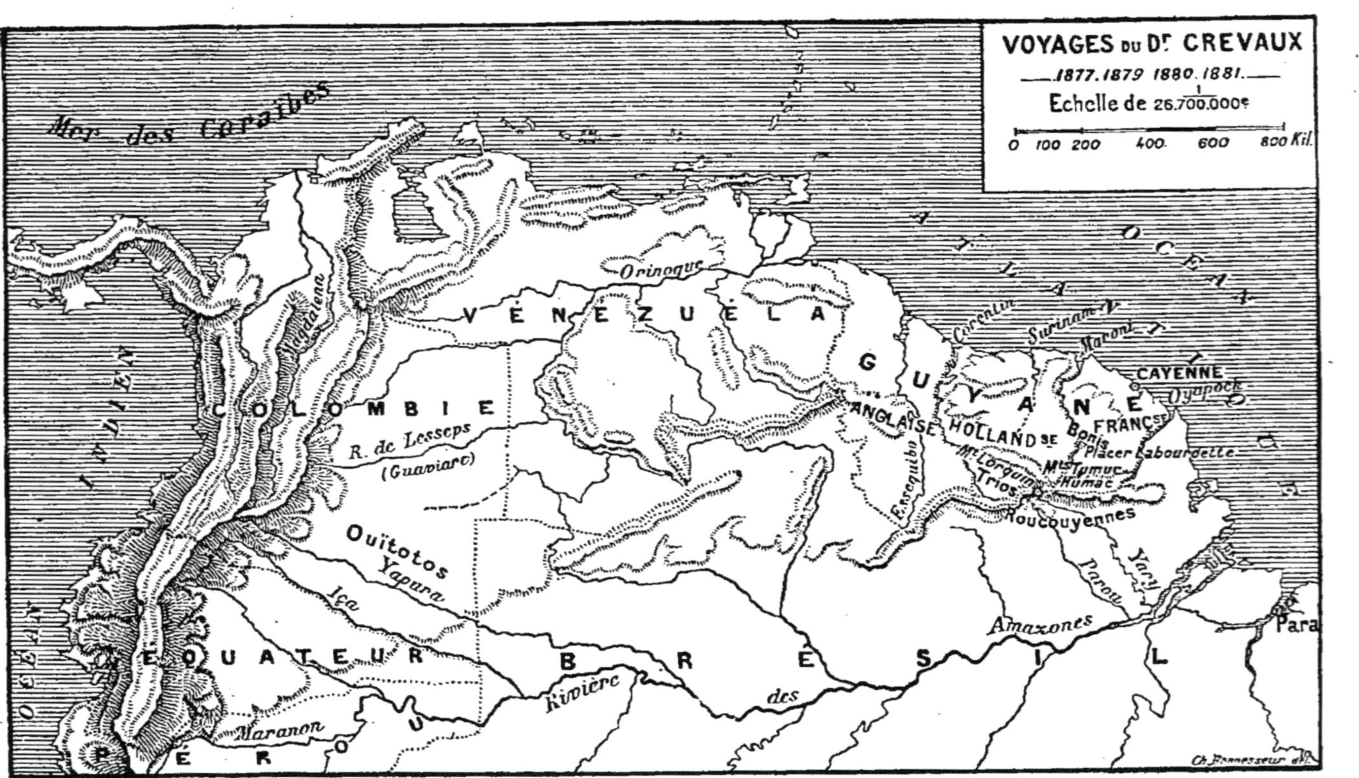

VOYAGES du Dr CREVAUX
1877. 1879 1880. 1881.
Echelle de 26.700.000e
0 100 200 400 600 800 Kil.
Mer des Caraïbes
Orinoque
VÉNÉZUÉLA
COLOMBIE
R. de Lesseps
(Guaviare)
Ouïtotos
Yapura
Iça
ÉQUATEUR
Maranon
PÉROU
RIVIÈRE
des
Amazones
Magdalena
GUYANE
ANGLAISE
HOLLAND se
GUYANE
FRANC se
CAYENNE
Oyapock
Bonis
Placer Labourdette
Mts Lorquin
Trios
Mts Tumuc
Humac
Roucouyennes
Esequibo
Corentin
Surinam
Maroni
Yary
Parou
Amazones
Para
BRÉSIL
OCÉAN INDIEN
OCÉAN ATLANTIQUE
Ch. Bannesseur del.

forces, il aurait fait son devoir dans une situation subalterne; mais, pour être lui-même, il avait besoin de toute sa liberté.

Le docteur Crevaux se proposait de remonter le Maroni jusqu'à sa source et d'explorer la chaîne inconnue des Tumuc-Humac, où les anciens géographes, sur la foi des légendes, plaçaient le royaume de l'Homme Doré, l'*El Dorado* : mystérieux pays que l'imagination des conteurs, et même des savants, situait dans une région inaccessible, au bord d'une mer intérieure, appelée *Parime*. Là s'élevait *Menoa*, la capitale, resplendissante des métaux les plus précieux, gardée par des monstres effroyables : le roi se poudrait d'or et ses sujets portaient des habits (1).

Les explorateurs du XVIᵉ et du XVIIᵉ siècle, véritables aventuriers, comme W. Raleigh lui-même, n'avaient pas plus découvert l'El Dorado (2) que les sources du Maroni et

(1) Cf. Relation de W. Raleigh.

(2) Patris, 1762, Leprieux, 1830, le R. P. Neu, 1850, Bonny, 1860, Vidal, 1861, le R. P. Kræenner, 1863.

de l'Oyapock. Les expéditions contemporaines, vraiment fécondes et souvent bien conduites, ne furent pas plus heureuses. La fièvre dans des forêts gigantesques, étouffées par leur propre végétation; le mauvais vouloir des Indiens, inquiets de l'invasion blanche, les dangers de la navigation au milieu des rapides semblaient enfermer les voyageurs dans la vallée du Maroni. Les indigènes pensaient qu'on n'en pouvait sortir puisqu'on y était toujours resté; aussi refusèrent-ils souvent de guider le docteur Crevaux. Outre la difficulté du voyage même, il y eut celle de l'organiser.

Mais Crevaux était de ceux que les obstacles stimulent, que les dangers attirent. Énergique, ardent, rapide dans ses décisions, il allait opposer un sang-froid imperturbable aux arguments les plus décourageants: ne pouvait-il réussir où d'autres avaient échoué!

Une rude épreuve l'attendait au débarquement: la fièvre jaune sévissait à Cayenne et aux îles du Salut. Pendant cinq mois, Crevaux combattit le fléau avec un dévouement admirable; il faillit périr et mérita la croix de la Légion d'honneur.

A peine guéri, le docteur reprit ses projets. Le 9 juillet 1877, il s'embarquait sur *le Serpent,* qui devait le conduire à l'embouchure du Maroni. Il avait pour compagnons Mgr Emonet, préfet apostolique de la Guyane et le R. P. Krœnner (1). Ces deux prêtres, épuisés par la fièvre, durent regagner Cayenne après un mois de voyage.

Vingt hommes d'équipage, répartis en quatre pirogues (2), complétaient l'expédition à son départ. « Le Maroni est un beau fleuve qui n'a pas moins de 12 à 1,500 mètres de largeur jusqu'à une distance de plus de 20 lieues au-dessus de son embouchure... » Mais en cet endroit commence la région des rapides et des chutes qui rendent si dangereuse la navigation des fleuves guyanais. Les eaux, en se frayant un passage à travers les collines, n'ont pas

(1) Cf. sup. 19.
(2) Bateau fait d'un arbre creusé.

encore nivelé leur lit; « des roches dures, souvent granitiques, que la violence du courant n'a pu refouler, restent en place, comme les ruines d'un monument saccagé (1) ». Tantôt ces roches, disposées dans le sens longitudinal, resserrent la rivière, accélèrent la marche des flots et forment des *rapides,* d'autant plus violents que les rives sont plus rapprochées; tantôt, groupées transversalement, elles constituent de véritables digues, par-dessus lesquelles le fleuve se précipite pour tomber en cataractes. Ces barrages naturels limitent comme autant de bassins parfaitement distincts, étagés les uns au-dessous des autres et reliés par des chutes. Les nègres Bosh sont particulièrement habiles pour franchir ces rapides et ces sauts : avertis par le grand nombre des îles, très souvent par un grondement sourd qui s'étend jusqu'à deux kilomètres, ils savent maintenir la légère pirogue d'écorce dans le fil de l'eau,

(1) Crevaux, *Tour du monde* et *Bulletin de la Société de géographie,* novembre 1878.

éviter les écueils à l'aide d'une longue perche et dépasser avec leurs pagaies (1) la vitesse du courant; autrement ils ne pourraient le dominer.

Le voyage du docteur s'effectua si heureusement jusqu'au confluent du *Tapanahoni*, qu'il étendit son itinéraire. Il résolut de traverser les monts Tumuc-Humac du nord au sud et de gagner l'Amazone par le *Yari*, dont on ne connaissait que l'embouchure. La santé de la petite troupe était jusque-là restée excellente. Mais au mois de juillet, pendant la saison sèche, il faut compter avec la fièvre qui met le voyageur à la merci des Indiens.

Des retards irritants, dans une région marécageuse, sous une chaleur torride, altérèrent la forte constitution du docteur. Crevaux tomba malade en atteignant le pays des nègres Bonis. Il en espérait de bons procédés; son espoir fut déçu: le *grand man* lui fit attendre un mois la moitié des secours promis, sous prétexte qu'il fallait honorer

(1) Sorte de rame en usage chez les Indiens.

par des fêtes la mort du dernier chef. Le docteur fut obligé de dissimuler son désappointement et surtout l'ébranlement de sa santé; car les Bonis n'avaient d'autre but, en tergiversant, que de le contraindre par la famine à redescendre le Maroni. Il utilisa du moins son séjour forcé à recueillir des notes intéressantes sur le pays et ses immenses forêts « où l'on sentait la fièvre », sur ce peuple noir issu de fugitifs qu'un esclave de la Guyane hollandaise, appelé Boni, avait jadis affranchis, et conduits victorieusement sur les rives de l'Aoua (1). Longtemps traqués comme des bêtes fauves, les Bonis se vengeaient sur les voyageurs des cruautés des Européens.

Les funérailles du grand man furent longues. Crevaux prit le parti de les décrire. « Chez les Bonis, les morts sont conservés huit jours, pendant lesquels on se livre à des danses et à des chants lugubres. Le cercueil

---

(1) L'Aoua est le haut Maroni, sa « maman », comme disent les Bonis.

est transporté matin et soir dans tout le village par des hommes qui l'inclinent à droite et à gauche pour imiter des mouvements de salutation. On considère comme de bon augure ces politesses que le défunt semble adresser en passant devant les carbets. Le dit cercueil fait de longues haltes au milieu du conseil réuni sur la place pour le recevoir. Les plus anciens lui font des questions auxquelles il répond en s'inclinant à droite, à gauche, en avant, en arrière. Tous les matins, un vieillard, dont la voix n'est pas moins désagréable que celle du singe hurleur, pleure en chantant, jusqu'à ce que le roi des forêts vienne s'associer à la douleur de la nation. Les cadavres ne sont inhumés qu'en état de putréfaction avancée. J'ai été assez heureux pour ne pas rencontrer le grand man et sa femme. Étant morts dans le bas de la rivière, ils n'ont pas été transportés tout entiers : on s'est contenté de rapporter leurs cheveux et leurs ongles. »

Le docteur Crevaux était questionneur

plutôt que conteur; cependant, la plume à la main, il excelle à peindre les mœurs des indigènes, et cela, sur un ton d'enjouement aimable, sans apprêt, dans les épreuves les plus terribles; son sourire a tant de bonhomie qu'on est tenté de croire à la facilité de son héroïsme.

Le nouvel équipage laissait à désirer : on y comptait deux vieillards et un blessé; mais le cuisinier Joseph Foto et le Boni Apatou, *qui voulait voir l'Amazone,* valaient une escorte. On gagna péniblement le pays des *Roucouyennes,* aux sources du Maroni. « Ce qui me fait le plus souffrir, écrit le docteur à cette époque, c'est de ne pouvoir confier à personne le secret de ma maladie. Je trompe Joseph, en jetant aux poissons le repas qu'il continue à me servir régulièrement... pendant six jours la fièvre ne cesse de me tourmenter. »

Mais son énergie n'a pas une défaillance. Depuis cinq heures du matin jusqu'à huit heures du soir, penché sur un cahier de notes, la boussole d'embarcation en face de lui, il relève le cours de l'Itany (1). Arrivé au lieu du campement, il calcule la distance parcourue et complète son

Les Roucouyennes nous exprimèrent leur joie.....

dessin souvent interrompu par des frissons glacés.

Le voyage au pays des Roucouyennes se prolongea durant seize jours. « En cette

(1) Affluent du Maroni.

circonstance, écrit Crevaux au ministre de l'Instruction publique, le nègre Boni Apatou et le nègre de Mana, Joseph Foto, seuls débris d'une expédition de vingt hommes, assurèrent le succès de l'entreprise...; sans leur concours, votre serviteur, épuisé par la fièvre, incapable de traverser la chaîne des Tumuc-Humac, ne serait jamais sorti de ce cul-de-sac dans lequel il était enfermé. »

Les Roucouyennes furent plus hospitaliers que les Bonis. Leur convoitise ne résista pas à la vue des couteaux, des glaces, des étoffes brillantes que le docteur avait étalés au soleil. Ils consentirent à le guider par les montagnes vers les sources du Yari, vers l'*Apaouani*.

La faiblesse de l'intrépide explorateur était telle qu'il ne pouvait faire cent pas sans s'asseoir. Allait-il périr en touchant le but? Il se roidit contre le mal et marcha... Bientôt on arriva au *dégrad* où les Indiens suspendaient les canots dans la traversée des Tumuc-Humac; l'Itany n'a plus guère en ce point que 12 mètres de large; un peu plus loin, il cesse d'être accessible aux pirogues. La reconnaissance du Maroni, avait duré soixante-dix jours « dont trente-trois de canotage (1) ».

L'air vif des hauteurs acheva de rétablir le docteur, déjà ranimé par le succès. Avant de quitter la crête de la chaîne, Crevaux partagea joyeusement avec son escorte une bouteille de champagne, réservée pour le baptême de la montagne. Il l'appela *Lorquin,* du nom de son pays natal. « Cette bouteille vide, dit-il modestement dans son journal, servira de monument pour attester le passage d'un Français dans ce pays, inconnu jusqu'à ce jour. »

Les populations de la Guyane française considèrent généralement la chaîne des

(1) L'Itany peut être considéré comme une des sources du Maroni, qui aurait alors un cours de 140 lieues environ. La navigation de l'Itany est facile. Les sauts les plus considérables sont au-dessous du confluent de l'Aoua et du Tapanahoni, de la *crique* Maroni et de l'Itany. (Le mot crique désigne à la fois la rivière et son embouchure.

Tumuc-Humac comme la source unique des dépôts aurifères que l'on rencontre dans les rivières du pays. Mais les roches des placers exploités sur les bords du Maroni (1) et celles de la montagne sont absolument identiques. Crevaux en conclut que les gisements d'or s'étendent à une grande distance. L'Homme Doré des légendes n'était qu'un misérable chef indien qui s'enduisait le corps « non de parcelles d'or, mais de cette poussière connue de tout le monde sous le nom de sablé d'or et que les noirs de la côte désignent par celui de *caca soleil*. » Quant aux palais de Menoa, avec leurs murailles d'or massif, ce sont des grottes aux parois micacées, assez nombreuses dans le voisinage des Tumuc-Humac; frappées par les rayons du soleil, elles étincellent d'un éclat métallique. Enfin le fameux lac Parime existe chaque année, pendant la saison des pluies, sous forme d'inondation, dans les terrains allu-

(1) C'est près du saut *Awara* que se trouve le placer de M. Labourdette.

vionnaires qui s'étendent au pied des monts. En réalité, l'El Dorado est partout dans la Guyane, qui partout renferme de l'or; il réside plutôt dans la fertilité du sol, dont la prodigieuse richesse est à peine entrevue.

Le 23 septembre, le docteur Crevaux prenait dans les eaux de l'Apaouani « un des meilleurs bains de sa vie ». Mais quand il demanda aux Roucouyennes de descendre la rivière jusqu'à l'Amazone, il essuya un refus formel : « C'est impossible, lui répondit-on; il faudrait franchir des chutes plus élevées que les plus grands arbres de la forêt; en outre, il y a par là des Indiens très méchants, qui engraissent leurs prisonniers pour les manger. »

Que faire? Seuls, Joseph et Apatou lui restent fidèles. La retraite vers le Maroni n'est plus possible, dans l'état de délabrement où se trouvent les voyageurs. «Advienne que pourra! » Il faut se hasarder à travers les sauts : on y arrive le 27 octobre.

Le paysage a changé d'aspect. Les berges du fleuve sont très escarpées; de hautes

collines le barrent à l'horizon ; c'est là qu'est
le danger. Le courant devient vertigineux ; la
frêle pirogue file comme une flèche dans un
étroit couloir de blocs granitiques. « Prends

La descente du Yari.

garde, Apatou, s'écrie le docteur en regar-
dant son baromètre, ma petite bête indique
que nous sommes en pays élevé. » — « Ne
crains rien, répond l'intrépide pilote. » Une
chute effroyable est imminente. Tout à coup,

la pirogue s'arrête brusquement sur une roche où l'a lancée la pagaie d'Apatou, pour éviter un précipice de 30 mètres; au fond, le fleuve, divisé en trois branches, s'abîme en mugissant. A droite, à gauche, se dressent des falaises à pic. Crevaux se croit perdu; deux Indiens qui ont consenti à le suivre sont saisis d'une telle peur qu'ils fondent en larmes comme des enfants et prennent la fuite dans la seconde barque. Mais Apatou s'obstine à vaincre l'obstacle. De rocher en rocher, on descend la pirogue au pied de la cataracte; et la course folle recommence avec les mêmes dangers, les mêmes prodiges d'héroïsme et d'adresse.

Un jour, Apatou se sert d'un tronc d'arbre jeté transversalement sur les rives pour lancer l'embarcation au delà des écueils qui la briseraient. Enfin, le 6 novembre, après avoir franchi plus de cent chutes, Crevaux et ses compagnons atteignaient le bas de ce colossal escalier de granit sur lequel bondit le Yari d'une altitude totale de 180 mètres!

— « D'où venez-vous, grand Dieu! où avez-vous passé? disent à Crevaux des Brésiliens qu'il rencontre; vous êtes le premier blanc qui ait descendu le Yari! »

Le 30 novembre, le docteur arrivait au Para. Il avait exploré 2,000 kilomètres d'un pays défendu contre les entreprises des Européens par son climat, ses fleuves et, la plupart du temps, par l'hostilité des populations.

« De mémoire d'homme, écrivait Crevaux au ministre (1), le 15 décembre 1877, personne n'avait osé s'aventurer au milieu de ces obstacles. Le désespoir nous les fit surmonter. A la suite de vingt-trois jours de canotage, interrompus seulement par vingt-quatre heures de repos, le nègre Apatou et votre serviteur sont tombés malades, le jour même de leur délivrance. Joseph Foto, déjà blessé au pied, était incapable de conduire tout seul un canot, au milieu des roches. Que serait-il advenu, si nos maladies s'étaient déclarées quelques jours plus tôt. L'argent

(1) De l'Instruction publique.

seul ne peut récompenser le dévouement de mes canotiers; je vous prie de faire accorder une médaille de première classe au nègre Apatou et une de seconde au nègre Joseph Foto ».

Il annonce en ces termes son arrivée à Lorquin :

Paris, le 25 décembre 1877, 11 h. du matin.

MES CHERS PARENTS,

Je suis arrivé hier à Paris. Je vous écris de chez M. Goldschoïn, où je vais dîner.

J'ai beaucoup souffert dans mon voyage, qui a été très accidenté. J'ai maigri au moins de cinq kilogrammes. J'aurai fort à faire pour réparer ces pertes. Je suis bien heureux d'en être quitte à si bon compte. Dans de pareilles expéditions, on risque fort de ne pas revenir du tout.

Je rends compte de ma mission au plus vite et, aussitôt cette tâche terminée, je m'empresserai d'aller vous voir... En tout cas, j'arriverai pour le 1er janvier.

J'ai trois mois de congé de convalescence, et après, on m'a offert de m'attacher au ministère de la marine à Paris.

Je vous embrasse de tout cœur,

JULES CREVAUX.

J'ai fait adresser une traite de 2,200 francs à votre adresse. Acceptez-la. Elle est pour le 30 janvier. Je la ferai payer par le ministère dans quelques jours.

CHAPITRE III

Découverte du Parou. — Reconnaissance du rio Iça. Descente du Yapura.

Le docteur Crevaux ne se reposa pas longtemps : les difficultés du premier voyage n'avaient fait qu'exciter son ardeur. Parallèlement au Yari coule un autre affluent de l'Amazone, le *Parou,* dont le cours restait ignoré. Le docteur n'était pas encore arrivé à l'embouchure du Yari qu'il projetait une autre exploration : celle de l'*Oyapock* et du *Parou;* il arrêtait même avec Apatou l'époque de son retour, avant son départ pour la France : la Guyane était son domaine ; pas de repos pour lui qu'il ne l'eût parcourue tout entière.

Le 28 juillet 1878, à la date fixée, il débarquait à *Cayenne*.

L'Oyapock, qui limite à l'est la Guyane française (1) était, en 1877, moins connu que le Maroni. Sa vallée, formée de terrains imperméables, par suite marécageux, avait une réputation d'insalubrité justifiée par de récents malheurs. Apatou était malade ; le docteur lui-même ne se sentait pas « d'entrain ». L'expérience l'a rendu prudent ; il sait modérer son ambition. Il sera content s'il remonte l'Oyapock jusqu'à sa source ; satisfait, s'il traverse la ligne de partage des eaux et atteint le Yari par la crique *Kou* ; enchanté, s'il peut remonter le Yari, passer chez les Indiens *Trios,* qui ont le secret de

(1) Le traité d'Utrecht donna l'Oyapock comme frontière à la Guyane française (1713). Le traité d'Amiens (1802), nous a reconnu la possession du fleuve entier, avec la région des sources.

la fabrication du curare, et enfin descendre le Parou jusqu'à l'Amazone. Voilà les modestes desseins, inspirés par « *la prudence* », au conquistador pacifique de la Guyane française.

Crevaux atteignit les sources de l'Oyapock au bout de trente-trois jours et parvint péniblement au Yari. Mais il oublia ses souffrances à la vue de cette belle rivière. Il la retrouva « *avec le plaisir d'un soldat qui revoit son champ de bataille* ».

Un autre homme moins opiniâtre, moins audacieux, aurait renoncé à gagner le Parou; pour Crevaux, reculer, c'est déserter. « *Les voyages d'exploration*, écrit-il à cette époque, *sont des guerres avec la nature.* Je suis à la veille d'une bataille décisive. Battu, je serai forcé de revenir par le Yari que j'ai déjà parcouru; vainqueur, j'effectuerai mon retour par une rivière nouvelle qui est un bel affluent de gauche de l'Amazone... Les Indiens, mes alliés, m'abandonnent, parce que je suis faible; mon patron Apatou est malade; je n'ai que deux noirs vigoureux, mais incapables. Quant à moi, depuis dix jours je ne suis pas une seule fois dans mon état normal... » Il marche « en trébuchant », mais atteint le Parou. Ce n'est pas assez: il veut le remonter jusqu'à sa source. Les Indiens murmurent et se révoltent; Crevaux les dompte et les entraîne.

La descente du Parou fut plus difficile que celle du Yari, parce que son bassin est plus incliné. Les chutes se succèdent innombrables; cinq canots y chavirent; le docteur glisse dans un précipice. Enfin, le 8 janvier 1879, il rentre *vainqueur* au Para. Ni le mauvais vouloir des Indiens, ni les fatigues, ni la fièvre, ni les rapides ou les sauts n'ont pu un instant le détourner de son but et de ses travaux ordinaires; il rapporte, dressée jour par jour, la carte exacte des pays explorés, des notes précieuses sur sa faune et sa flore, sur les mœurs des Roucouyennes (1). Il a découvert chez les Trios le secret de la

(1) Cf. *Bulletin de la Société de géographie*, mai 1880. *Tour du monde*, 1881.

fabrication du curare, dont il espère avec raison faire profiter la médecine (1).

Après ce magnifique voyage, Crevaux ne revint pas en France; il avait songé un instant à gagner la Plata pour y rétablir sa santé. Mais ses forces étant revenues avant l'arrivée du vapeur, le docteur pensa qu'une excursion dans l'Amazone était plus fructueuse qu'une promenade à Buenos-Ayres. Il s'embarqua donc pour la haute Amazone. En route, il entend dire qu'un de ses affluents, le *rio Iça,* est navigable jusqu'aux Andes, et se décide à faire 400 lieues pour s'en assurer; mille contre-temps empêchèrent l'expédition à l'embouchure même de la rivière.

Crevaux revint au Para pour l'organiser

(1) Cf. *Ibid* et *Revue scientifique,* 2e semestre 1882. Cours de M. Couty au muséum de Rio-de-Janeiro, sur le curare.

La liane *urari* a été décrite en France par le professeur Planchon, sous le nom de *Strychnos Crevauxii.* « L'administration du curare à l'homme a été expérimentée par le professeur Liouville; elle est extrêmement dangereuse, parce que cette substance varie de composition; mais par l'emploi de la curarine, il sera possible d'agir avec autant de précision qu'avec la morphine et la strychnine, qui sont actuellement d'un usage journalier. » (Crevaux.)

de nouveau. Cette fois elle réussit au gré de ses désirs. Parvenu aux Andes, il jouissait d'une santé parfaite; pourquoi rester en si beau chemin? Près des sources de l'Iça jaillissent celles du *Yapura,* le moins connu de tous les affluents de l'Amazone, le plus redouté à cause de ses chutes, du climat et des indigènes. Ces obstacles piquent la curiosité du docteur : c'est par le Yapura qu'il retournera au Para. Crevaux cherchait un compagnon : il ne trouva qu'un bandit : « le pirate des Andes », un certain Santa Cruz. Apatou se chargea de le surveiller.

La navigation sur le Yapura présenta des dangers nouveaux. Outre les rapides et les chutes, la fièvre dans les campements sur la terre nue, sous des pluies torrentielles, pendant quarante-deux jours, sans parler d'affreuses mouches qui saignaient les pieds des voyageurs endormis, on rencontra les *Ouitotos* anthropophages. Le premier cri d'Apatou en revoyant l'Amazone, le 9 juillet 1879, trahissait toutes les appréhensions qu'il avait éprouvées à la vue d'un crâne humain cuisant dans une marmite : « *Ouito-tos pas mangé nous!* » vociférait le brave nègre dans la joie de son âme, en brûlant les dernières cartouches du docteur.

Dans ses trois expéditions, Crevaux avait relevé à la boussole six cours d'eau : deux fleuves de la Guyane : *le Maroni et l'Oyapock;* et quatre affluents de l'Amazone : *le Yari, le Parou, l'Içá et le Yapura.* « Si le Maroni et l'Oyapock étaient un peu connus, le Yari et le Parou étaient absolument vierges de toute exploration... Quant au Yapura, qui mesure 500 lieues, il était inconnu dans les quatre cinquièmes de son parcours. » La science s'enrichissait de documents nouveaux et très nombreux sur la géologie, la géographie, la botanique et l'ethnographie de l'Amérique équatoriale (1). Le docteur Crevaux ne recherchait pas seulement l'inconnu: il se préoccupait toujours de l'intérêt pratique de ses découvertes. « Les Sociétés géogra-

____

(1) Cf. *Bulletin de la Société de géographie,* mai 1880.

phiques, disait-il souvent, doivent s'appliquer à le mettre en lumière. »

CHAPITRE IV

Résultats des voyages de J. Crevaux pour la Guyane française qui vaut mieux que sa réputation. — La question des Colonies est devenue nationale.

C'est surtout grâce au docteur Crevaux que la Guyane a cessé d'être un pays mystérieux; grâce à lui, nous possédons enfin sur les régions de l'intérieur, sur leur relief, leurs voies de communication, des renseignements précieux. Au point de vue colonial, l'importance de ses voyages justifie une digression.

Autrefois, la *France équinoxiale* comprenait tout le pays entre l'Amazone et l'Orénoque. Favorisés par nos désastres ma-

ritimes et par les fautes de nos gouvernements, l'Angleterre, la Hollande, le Portugal,
nous ont enlevé les deux tiers de notre
colonie et se sont adjugé la meilleure part;
longtemps du moins on a eu raison de le
croire.

Réduite à son modeste mouillage de
Cayenne, la Guyane française était privée
des avantages commerciaux qu'offrent à ses
voisines les profonds estuaires du Surinam,
du Corentin, du Berbice et de l'Essequibo.
Les juges les plus compétents la condam-
naient à l'isolement; ils niaient même la
possibilité de le faire cesser par une heu-
-reuse sortie vers l'Orénoque ou l'Amazone.

« Tout est entrave, écrivait M. J. Duval,
en 1861; au delà des sauts, l'exploration ne
peut se faire qu'à pied, et le voyageur, à
peine débarqué, se trouve engagé dans une
forêt immense, *inextricable...* les plus intré-
pides rebroussent chemin (1). » Crevaux

(1) J. Duval, *Politique coloniale de la France; Revue des Deux
Mondes,* 1861.

cependant a poursuivi le sien et découvert des routes fréquentées par les Indiens (1).

« Rien n'aboutit à la Guyane », répétait encore, après M. J. Duval, l'auteur d'un livre excellent, en 1880 (2).

Ce n'est plus vrai.

La France a trop souvent le fétichisme des légendes. Après la légende de l'El Dorado, il y a eu celle de l'insalubrité, dont nous reparlerons. N'y joignons pas la *légende de l'isolement*. Depuis la découverte des Tumuc-Humac, du Yari et du Parou, depuis la reconnaissance du Rio Iça, notre colonie, qui possède le plateau élevé où naissent l'Oyapock, le Maroni et divers affluents de l'Amazone, s'ouvre largement vers cette grande voie fluviale de l'Amérique équatoriale; rien n'empêche la France de partager avec l'Angleterre, depuis le Para jusqu'aux Andes, la royauté du commerce amazonien, puisque

(1) Cf. *Bulletin de la Société de géographie*, novembre 1878, pages 401 et 402.

(2) Gaffarel : *Colonies françaises.*

d'ailleurs les produits français sont si estimés que nos rivaux, pour écouler les leurs, se voient obligés de nous voler nos

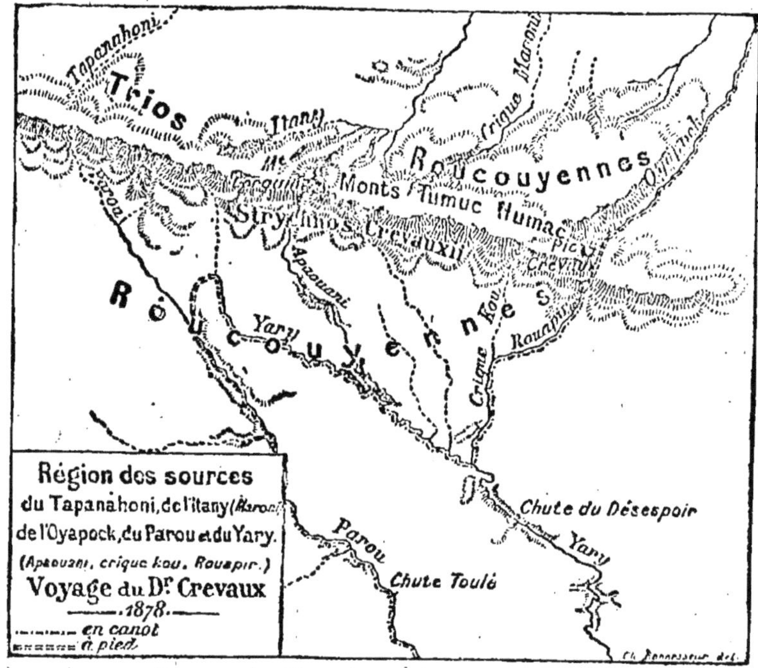

Sources du Maroni, de l'Oyapock, etc.....

marques (1). « Sans se détourner, même pour un instant, de ses intérêts en Afrique et en Asie, la France pourrait accorder son

(1) « 90 sur 100 des produits dits français ne le sont pas. » (Wiener.)

attention à ses intérêts d'Amérique, où, grâce à ce que j'appellerai des distractions nationales, elle a réussi à perdre des millions dans des régions où notre puissante concurrente sait récolter des milliards (1). »

Les fleuves guyanais, objectent les pessimistes, ne peuvent servir aux communications, ne sont pas navigables. — Il ne faut pas dédaigner 12 à 15 lieues de navigation à vapeur; « c'est la moyenne », dit Crevaux. Le Maroni, le plus important de nos cours d'eau, est même accessible

(1) Wiener, conférence à la Sorbonne, devant la Société de géographie, 29 octobre 1882.

Nous recommandons aux négociants français la lecture essentiellement instructive du beau voyage de M. Wiener dans l'Amérique équatoriale, 1879-1882 : *Amazone* et *Cordillière*. Comme le docteur Crevaux, M. Wiener s'est préoccupé de trouver à la France industrielle et commerciale des marchés nouveaux. Il a constaté partout que l'étranger, *pour s'enrichir*, falsifie nos produits. A Guayaquil (Equateur), les vins, les cognacs français sont imités à Hambourg; les soieries de Lyon viennent d'Italie; les bougies françaises sont fabriquées en Hollande; la clouterie de Paris, les fusils et les revolvers Lefaucheux et les provisions de chasse arrivent de Belgique; les draps de Sedan se font en Autriche; les papiers peints viennent d'Angleterre, et ainsi de suite. » (*Tour du Monde*, 2ᵉ semestre 1883.)

pendant plus de 20 lieues ; à 90 lieues, sa largeur reste encore respectable (1). Sans doute, il faudrait régulariser son lit supérieur. De pareilles entreprises n'effraient pas le patriotisme de nos ingénieurs ; ils savent percer des isthmes (2), ils sauraient faire sauter des roches. En réalité, le système hydrographique de la Guyane est admirablement combiné. « Sur une distance de 125 lieues, du Maroni à l'Oyapock, on compte 22 fleuves, parallèles entre eux, dont les nombreux affluents se croisent et s'entre-croisent. »

Soit, répondent les obstinés, mais la fièvre ? La Guyane est la patrie de la fièvre ! Toutes les tentatives de colonisation ont échoué par l'insalubrité !

Gardons-nous des jugements systématiques, et ne considérons pas notre belle colonie comme la patrie de la fièvre, parce qu'il y a, en Guyane comme en France, des

(1) 4 à 500 mètres (Crevaux).

(2) Partie de terre qui réunit une presqu'île à un continent.

régions très fiévreuses. Les statistiques nous montrent que la moyenne de la mortalité, à Cayenne par exemple, ne dépasse pas celle des grandes villes d'Europe. Dans l'intérieur des terres, on ne rencontre pas « partout des centenaires », comme dit W. Raleigh qui n'en savait rien; mais ils n'y sont pas plus rares qu'ailleurs, et SOIXANTE-TREIZE voyageurs s'accordent à vanter la salubrité du pays (1). Sans affirmer, avec un des plus anciens, qu'il suffit à un malade d'aller à la Guyane pour rétablir sa santé, on peut penser qu'elle est habitable. Située sous la zone torride, elle reçoit la bienfaisante influence des brises marines. L'excès de

(1) Cf. de Nouvion. Extraits des auteurs qui ont écrit sur la Guyane, 1844. — Les ouvriers hindous, employés dans nos placers, ne supportent pas plus que les Européens l'insalubrité des régions marécageuses. Le docteur François, médecin de Cayenne, qui le constate, regrette les nègres. Depuis l'abolition de l'esclavage ils répugnent aux métiers pénibles. C'est une difficulté, mais les Anglais, les Hollandais en ont triomphé. Il n'est pas admissible que le climat de la Guyane française diffère sensiblement de celui de ses deux voisines qui sont en pleine prospérité, grâce aux assèchements, aux endiguements, aux travaux d'irrigation.

chaleur lui est moins particulier que la
continuité d'une haute température. La
fièvre reste localisée en certains bas-fonds

La forêt vierge en Guyane.

où séjournent les eaux des pluies sur un sol
imperméable, tandis que l'épais feuillage des
arbres intercepte la lumière et l'air. Que par
le défrichement on pratique le jour dans
les forêts guyanaises, qu'on y creuse des

canaux de dérivation, on y fera de la santé (1).

L'insuccès des entreprises coloniales a fortifié la mauvaise réputation du climat; mais a-t-on jamais voulu sérieusement coloniser la Guyane? En 1630, nous trouvons à sa tête un fou furieux qui punit par la torture les rêves de mauvais augure. En

(1) « Peu de personnes se font une idée exacte de la forêt équatoriale. Les dessinateurs et les romanciers ont habitué le public à voir dans ces forêts des palmiers sans nombre, des arbres aux formes bizarres, recouverts de parasites et entremêlés de lianes courant de branche en branche, comme des cordages aux mâts des navires. Cette description n'est guère vraie que pour les petites îles de la côte des Guyanes et pour le bord des rivières, près de leur embouchure.

« La forêt vierge, le grand bois, comme on l'appelle en Guyane, se présente sous un aspect froid et sévère. Mille colonnades ayant 35 à 40 mètres de haut, s'élèvent au-dessus de nos têtes pour supporter un massif de verdure qui intercepte complètement les rayons du soleil. A vos pieds, vous ne voyez pas un brin d'herbe, à peine quelques arbres grêles et élancés, pressés d'atteindre la hauteur de leurs voisins pour partager l'air et la lumière qui leur manquent... Sur le sol, à part quelques fougères et d'autres plantes sans fleurs, gisent des feuilles et des branches mortes recouvertes de moisissure.

« L'air manque, « on y sent la fièvre, » me disait un de mes compagnons. « La vie paraît avoir quitté la terre pour se transporter sur les hauteurs, sur le massif de verdure qui forme le

1652, douze nobles, *les douze seigneurs,* allèrent s'y égorger. Plus tard, en 1763, quand la France eut perdu les Indes et le Canada, quand Louis XV eut abandonné, Dupleix et Montcalm, on songea à la Guyane et M. de Choiseul *consentit* à la coloniser. Prit-on exemple sur l'Angleterre ou la Hollande, qui envoyaient dans leurs possessions d'outre-mer des cultivateurs honnêtes, laborieux? Non certes. La cour s'éprit de la chimère la plus puérile et la plus dangereuse.

dôme de cette immense cathédrale. C'est à cette hauteur de 40 mètres que l'on voit courir les singes; c'est de là que partent les chants de milliers d'oiseaux aux plumages riches et variés. Au niveau des cours d'eau, la végétation perd en sévérité pour gagner en élégance et en pittoresque. Ici le soleil est le privilège des plus grands arbres qui s'élancent au devant de lui; mais les plus petits trouvent aussi leur part de chaleur et de lumière. Les herbes, les arbrisseaux, prenant tout leur développement, sont couverts de fleurs et de fruits aux couleurs éclatantes. Le hideux champignon, l'obscure fougère font place à des plantes aux feuilles riches en couleurs, aux fleurs élégantes... La lumière également partagée engendre l'harmonie, non seulement dans le règne végétal, mais encore dans le règne animal. Là-bas, c'est la bête fauve et le crapaud; ici, ce sont des animaux de toute espèce qui viennent partager, tous ensemble, les bienfaits de la nature.» (J. Crevaux, *Tour du Monde,* 1879, 1er semestre.)

Le type féodal s'altérait en Europe : elle entreprit de le régénérer en Amérique.

L'opinion répandue est que les colonies doivent servir au développement du commerce et de l'industrie; ce ne fut pas celle du gouvernement de Louis XV : à la Guyane, il cultiva la féodalité.

Les prospectus lancés, les recrues affluèrent avec les capitaux; à côté des gentilshommes tarés ou ruinés, il y avait des cadets de famille à la recherche d'une fortune, de braves gens d'Alsace et de Lorraine. Bientôt de nombreux convois portèrent aux *colons* des vivres, des marchandises pour les échanges, des patins par exemple (excellente idée sous l'équateur!), et puis les deux chefs de l'expédition, l'intendant Chanvallon et le chevalier Turgot (1), partagèrent en fiefs, au nom de leur suzerain, M. de Choiseul, le territoire marécageux qui s'étend entre la rivière Kourou et la Guyane hollandaise. On n'y trouvait qu'une seule

(1) Frère du grand ministre.

habitation, l'ancien établissement des Jésuites; le gouvernement s'y installa. Autour, les nouveaux seigneurs féodaux se logèrent dans des carbets; les serfs, où ils pouvaient. Pour chasser les idées tristes que faisait naître la vue des marécages, on construisit des boutiques, on donna des bals, des soupers, des représentations dramatiques, comme à Paris : « On se serait cru au Palais-Royal », dit un témoin oculaire. La désillusion vint vite. Quand les vivres furent épuisés, la féodalité mourut de faim : 14,000 personnes périrent sur les bords du Kourou. Le Parlement, qui évoqua l'affaire, en fut effrayé et l'étouffa. Le gouvernement offrit même une indemnité à Chanvallon et à Turgot. Turgot refusa, « parce qu'il n'avait pas eu le temps de la mériter ». Chanvallon accepta!... il fut nommé commissaire général des colonies.

Les déportations en masse qui suivirent le 18 fructidor (1), celles de 1852, qui ne

(1) Douxième mois de l'année républicaine (du 18 août au 16 septembre).

furent pas moins odieuses, achevèrent de déconsidérer la Guyane.

Sans doute, on n'a plus renouvelé ces folies et ces crimes, mais on a laissé trop souvent la colonie dans un état de malaise qui n'est ni la protection efficace, ni l'abandon sincère. La situation de la Guyane n'est pas florissante. L'exploitation des placers a fait des progrès; elle souffre cependant du haut prix de la main-d'œuvre. Quant au développement de l'agriculture, il est resté stationnaire en 1883 (1), bien que la puissance du sol, secondée par la température, procure à la Guyane une succession non interrompue de récoltes diverses; *l'arbre se couvre de fleurs avant d'être dépouillé de ses fruits;* et à l'exploitation du sol il faut joindre celle des forêts, où l'on a compté plus de 130 espèces de bois!

W. Raleigh a écrit ces lignes prophétiques : « Je suis persuadé que la conquête de la Guyane agrandira merveilleusement le

(1) *Rapport de la commission du budget,* 17 novembre 1883.

prince à qui ce bonheur est réservé. » Le prince ne s'est pas trouvé et ce bonheur est réservé, espérons-le, à la République, qui a su raviver l'esprit colonial, étouffé par la royauté de Louis XV et par l'Empire. Elle vient d'instituer un *Conseil supérieur des Colonies,* où siègent leurs représentants. Le ministre de la marine, qui en présidait la première séance, a formulé en ces termes la nouvelle et féconde politique coloniale de la France : « Après avoir été longtemps soumises à des régimes d'exception, à une tutelle administrative qui arrêtait tout essor..., nos grandes colonies ont pu arriver à faire entendre leur voix dans le sein de nos Assemblées parlementaires. Peu à peu, elles ont été appelées à une sorte d'émancipation politique et elles attendent avec confiance une organisation complète qui les fasse, dans une plus large mesure, participer aux bienfaits de nos institutions républicaines qu'elles connaissent, qu'elles aiment et qu'elles sauraient défendre au besoin (1). »

(1) 5 décembre 1883.

D'autre part, le vœu du Congrès géographique de Douai (1) est satisfait. La France possède aujourd'hui une *Société préparatoire des entreprises coloniales, agricoles, industrielles et commerciales,* en relations étroites avec les Sociétés de géographie. Destinée à favoriser l'initiative individuelle, elle facilitera la tâche au conseil supérieur. Désormais l'action du gouvernement dans nos colonies sera discrète pour ne pas être absorbante. On y verra moins de fonctionnaires et plus de colons. On s'inspirera, pour transformer la Guyane, des voyages de M. Vi-

---

(1) Août 1883, présidé par M. P. Foncin, qui contribue si activement au développement de l'*Alliance française pour la propagation du français dans les colonies et à l'étranger.* Cette association, exclusivement patriotique, réunit les hommes de bonne volonté, de toute opinion et de toute croyance, pénétrés de la nécessité qui s'impose à la France de redoubler d'efforts pour agrandir sa situation dans le monde. — Progression du nombre des sociétaires. La propagande a commencé vers le 15 décembre 1883 :

Le 1er janvier 1884 il y avait	200 adhérents.
Le 1er mars » »	800 »
Le 20 mars » »	1,650 »
Le 15 avril » »	2,530 »

dal (1) et surtout de ceux du docteur Crevaux. De tels voyages, n'illustrent pas seulement un homme, ils enrichissent un pays.

On comprend que la *Société de géographie* ait décerné à Jules Crevaux la première médaille dans sa séance solennelle du 16 avril 1880. Le brave Apatou, que le docteur avait comblé de joie en l'emmenant en France, eut sa part légitime du triomphe.

CHAPITRE V

Exploration du Guaviare ; du haut Pilcomayo. Massacre de la mission Crevaux.

Le 21 avril 1879, l'intrépide explorateur avait, en trois mois et demi, parcouru 2,589 lieues ; son voyage n'était pas terminé.

(1) *Voyage d'exploration dans le haut Maroni*. Revue mar. et col., 1862.

Malgré son énergie, il se sentait las et le disait à sa famille (1).

« *Vous pouvez croire qu'une fois en France,*
« *je ne me rembarquerai pas de sitôt. Ce*
« *mouvement perpétuel auquel je suis livré*
« *depuis de longues années, devient fatigant.*
« *Il faudra que je m'arrête et me repose*
« *longtemps.*

« *Mon compagnon Apatou a été souvent*
« *malade ; enfin il est rétabli et va pouvoir*
« *continuer ses services. Je suis toujours décidé*
« *à l'amener en France pour y passer quelques*
« *mois... Lui aussi est désireux de rentrer dans*
« *son pays : ses deux femmes l'attendent avec*
« *impatience..... »*

A peine revenu en France, il change de langage, fait de nouveaux plans ; « le démon des voyages » semble s'être emparé de lui. « Il me communiqua ses projets, écrit son « ami M. Lejanne, et me dit qu'il désirait un « compagnon. Il trouva sans doute que je

(1) Lettre datée du 21 avril 1879, à 2,600 kil. du Para. Haute Amazone.

« remplissais les conditions nécessaires, car
« il accepta sur-le-champ la proposition que
« je lui fis de l'accompagner (1). »

Le 6 août 1880, Crevaux s'embarquait
à Saint-Nazaire, avec M. Lejanne, le matelot
Burban et Apatou ; le 26, il débarquait à
Sanavilla, dans la Colombie. Son plan était
cette fois de remonter le rio Magdalena,
de franchir la Cordillière des Andes et d'atteindre l'Orénoque par un affluent inexploré.

Cet affluent, ce sera le Guaviare que personne ne connaît et n'ose connaître. On y
trouve des gorges infranchissables : des
raudals; un audacieux qui s'en est approché
est revenu fou de terreur. Les braves gens
qui ont conduit les voyageurs aux sources
du fleuve mystérieux ont les larmes aux
yeux en les quittant; ils voudraient les
retenir. Mais Crevaux veut « vaincre ou
mourir »; il a su communiquer son enthou-
siasme à ses compagnons qui se lancent
avec lui dans un voyage de 850 lieues,

(1) Notice.

hérissé de périls, sur un mauvais radeau, construit sur place par Apatou, disloqué par le premier rapide du *rio de Lesseps* (1).

Cette descente du Guaviare est épique. Deux dangers mortels : les caïmans et les raudals. Les caïmans, innombrables, qui grouillent autour du radeau et enlèvent un morceau de jambe à Apatou ; les raudals, effroyables trouées que les eaux se sont ouvertes à travers les collines. Leur apparition soudaine frappe de stupeur les voyageurs. Un instant, un instant seulement, ils hésitent : « *Çà mauvé,* » opine Apatou, qui a reconnu le danger, « *pouvé passer, peut-être.* »

— Nous nous regardons une seconde. Chacun fait un geste ; nous nous sommes compris : en avant ! C'est un moment terrible. En cinq minutes, nous sommes à l'entrée de la brèche et nous y pénétrons. Sa largeur varie pendant 2 kilomètres de 12 à 25 mètres environ. Nous avons de chaque côté un mur, haut de 40 mètres,

(1) Nom donné par nos compatriotes au Guaviare supérieur.

et fait d'énormes tables de grès superposées,
les unes en retrait, les autres en surplomb.
Des arbustes sortent partout des crevasses
que ces roches laissent entre elles. Quelques

Un raudal.

minces filets d'eau coulent par endroit des
parois abruptes. Des blocs à moitié sub-
mergés font de place en place saillie sur
l'une des rives et refoulent l'eau qui tour-
billonne en grondant. La rivière mugit

d'être ainsi emprisonnée et cherche avec rage une sortie. Les remous semblent autant de fauves tournant dans leurs cages. Nous rasons parfois la crête des blocs noyés pour retomber un mètre plus bas. Un moment nous sommes entraînés vers une roche en surplomb qui rase l'eau à 50 centimètres. C'en est fait de nous! Tout ce qui est sur le radeau va être broyé ou balayé. Nous allons disparaître dans l'horrible tourbillon. Mais Apatou, admirable de sang-froid, a vu le danger. Il appuie un levier sur la roche; d'un effort surhumain, il nous a renvoyés au large. Nous sommes sauvés! »

... Et comme le ciel est bleu, à la sortie de l'abîme; comme les arbres sont verts! « nous avons une gaieté nerveuse; nous éprouvons le besoin de plaisanter l'infernal passage que nous venons de franchir (1) »...

Une catastrophe assombrit le retour. Le brave matelot Burban, « presque arrivé au port », succomba, après trois jours de souf-

(1) Crevaux et Lejanne, *Tour du Monde*, 1882.

frances, de la piqûre d'une raie venimeuse. Peu après, M. Lejanne, très éprouvé par le voyage, partait pour la France, emportant les collections, pendant que le docteur visitait, dans le delta malsain de l'Orénoque, le pays des Indiens *Gouaraounos*. Il y prit le germe d'une mauvaise fièvre qui faillit l'emporter et rentra malade en France, le 25 mars 1881. Le mois suivant, Crevaux terminait sa conférence devant la Société de géographie, réunie à la Sorbonne, par ces modestes paroles qui soulevèrent les applaudissements : « *J'attribue le succès de mes entreprises à trois causes : une bonne santé, un peu d'audace et beaucoup de chance.* »

Le nom de Crevaux était célèbre dans les deux mondes; il avait été fait officier de la Légion d'honneur; de nouveaux voyages ne pouvaient ajouter à sa gloire; sa santé d'ailleurs restait ébranlée. Mais l'attrait des pays lointains, des dangers à courir était pour lui irrésistible. Huit mois seulement après son retour de l'Orénoque, il quittait la France pour ne la plus revoir.

Il se proposait de traverser le continent américain, du nord au sud, et d'explorer l'immense pays mal connu ou inconnu qui sépare le rio de la Plata de l'Amazone. Les Chambres lui avaient voté un crédit de 70,000 francs. Il emmenait avec lui un astronome déjà distingué, M. Billet; un dessinateur, Jules Ringel; un marin timonier breveté, E. Haurat, et un aide, J. Didelot. A la fin de décembre 1881, il était à Buenos-Ayres (1). La saison ne permettait plus de gagner le haut Paraguay, et le docteur se vit condamné à une inaction pénible, surtout pour lui.

On se préoccupait alors beaucoup dans la République argentine d'ouvrir une route commerciale vers la Bolivie, privée par la guerre de ses ports sur le Pacifique. Cette route existait; mais il fallait la reconnaître: c'était la vallée du *Pilcomayo*, qui traverse le grand Chaco dans toute sa longueur. Plus de vingt expéditions avaient tenté d'y péné-

____

(1) Capitale de la République argentine.

trer : toutes avaient échoué contre les obstacles naturels ou l'hostilité des Indiens Tobas (1). Mais ces tristes précédents n'effrayaient pas l'illustre explorateur qui avait vaincu le Yari, le Parou, le Yapura et le Guaviare. Son esprit généreux s'enflamma à la pensée d'accomplir une belle œuvre et l'itinéraire fut bientôt tracé : gagner par Tucuman, Salta, Tupiza, Tarija les sources du Pilcomayo, et le descendre jusqu'au Paraguay.

Dans les derniers jours de janvier, il était à Humahuaca, sur la frontière de la République argentine. Là, rançonné indignement par un juge de paix qui le jetait en prison, Crevaux prenait ce contre-temps avec une gaieté charmante : « Il ne me restera, écrit-il, qu'un cure-dents pour faire campagne. » Au commencement de mars, il

(1) M. Thouar signale ces tentatives dans sa conférence à la Sorbonne, du 12 février 1884. — Le grand Chaco n'est pas un désert, mais un pays très riche, où abondent les pâturages et les essences forestières (voir la *Revue de Géographie*, mai 1884, p. 347; conférence de M. Thouar, à la Société de topographie).

atteignait Tarija, où du 8 au 14 il renouvelait la pacotille destinée aux Tobas (1).

Le 27 avril, il tombait sous les coups des Indiens avec presque toute son escorte. La douloureuse nouvelle parvint en France au mois de mai 1882. Le docteur, disait-on, avait été victime de sa confiance pour les indigènes. Du reste, on ignorait les véritables causes et les détails de la catastrophe.

Spontanément, en France, en Bolivie, dans la République argentine, de nombreuses expéditions s'organisèrent à la recherche de la mission. Mais il a fallu deux ans pour mettre en pleine lumière le sombre drame du Pilcomayo.

Nous avons cru intéressant de résumer ici les principaux renseignements exacts ou erronés recueillis depuis 1882, jusqu'au jour où M. Thouar, un jeune émule du docteur Crevaux, a raconté, en termes émus, la mort de notre infortuné compatriote.

(1) Cf. *Bulletin de la Société de géographie de Marseille*, juillet-août-septembre 1882.

Rapport du sous-préfet du grand Chaco,
daté de Caïza, 6 mai 1882.

Le massacre de la mission était, paraît-
il, concerté d'avance, entre les Tobas d'une
part, les Tapietis et les Chiriguanos d'autre
part, à la suite des informations données par
une Indienne Toba, venue de Tarija. Les
Indiens savaient qu'un blanc voulait découvrir une voie de communication avec le
Paraguay. Or c'est précisément ce que les
Tobas craignent par-dessus tout; ils se
figurent qu'on leur enlèvera des terres et
qu'ils ne pourront plus, à leur aise, dépouiller
les habitants du grand Chaco. »

Rapports de l'Institut argentin.

Au mois de novembre 1882, la Société
de géographie de Paris apprenait que les
Tobas avaient remis un des compagnons du
docteur aux missionnaires de San Francisco

de Solano. Un autre était encore prisonnier; deux blancs avaient réussi à s'échapper.

Le 4 mai 1883, la même Société recevait de M. Zeballos, président de l'Institut argentin, la nouvelle qu'une expédition, organisée militairement, était partie, sous les ordres du colonel Sola, pour explorer le grand Chaco, rechercher les restes de Crevaux, de Billet et de Ringel, racheter et rapatrier, s'il se pouvait, le timonier français Haurat et le timonier argentin Blanco, qui avaient survécu.

Lettre de M. Milhôme.

Quelques mois après, le 22 décembre 1883, la Société prenait connaissance d'une lettre importante que lui adressait M. Milhôme (1).

Carumba (Brésil), 24 septembre 1883.

. . . .

..... « Depuis ma dernière lettre, j'ai cherché à me procurer des renseignements sur le sort de nos infortunés compatriotes et,

____

(1) M. Milhôme était absent depuis un an.

malgré toutes mes recherches, j'ai quitté ces parages, emportant les mêmes doutes, et plus que jamais persuadé que plusieurs membres de l'expédition ont été épargnés, entre autres Blanco, Haurat et Rodriguez. Mais il est à craindre qu'ils n'aient été tués plus tard, comme le font supposer le silence gardé jusqu'à ce jour par les Indiens et le peu d'empressement qu'ils mettent à proposer le rachat des otages... » Après avoir rappelé l'insuccès des diverses expéditions envoyées par les gouvernements de Bolivie et de la République argentine, M. Milhôme termine par les réflexions suivantes :. « On a beaucoup parlé de rechercher les restes de la mission Crevaux. Je me permettrai de faire observer que ce but me semble bien difficile à atteindre. Les Tobas n'ensevelissent pas leurs ennemis, moins encore lorsque ce sont des blancs. Les ossements, une fois dépouillés de leurs chairs, sont disputés par les femmes. Le crâne appartient au guerrier... c'est pour lui le trophée le plus méritoire. Il est scié transversalement, de telle sorte que sa calotte serve de coupe pour boire l'*aleka* (1). Les femmes s'emparent des vertèbres, dans lesquelles elles passent une corde; elles en font une ceinture dont le bruissement accompagne leurs chants et leurs danses... »

CHAPITRE VI

Causes de la catastrophe. — Conclusion.

Depuis le mois de février 1884, nous n'avons plus rien à apprendre : nous connaissons, grâce à M. Thouar, les vraies causes du massacre et ses sauvages péripéties.

Quand, en 1882, la triste nouvelle se répandit en France, M. Thouar revenait à peine d'un long voyage dans l'Amérique du Sud. Profondément ému de la mort de

(1) Sorte de boisson fermentée.

Crevaux, qu'il admirait, il résolut de retrouver les traces de la mission et s'embarqua à Saint-Nazaire pour Santiago de Chili, le 21 septembre. Là, M. Bourgarel, représentant de la France, lui communiqua une lettre de notre ministre des affaires étrangères, prescrivant de rechercher deux prisonniers qui avaient été vus par des Indiens Chiriguanos, attachés à des arbres, chez les Tobas. Deux jours après, M. Thouar partait pour la Paz, où il recevait du gouvernement bolivien des lettres de recommandation auprès des autorités de la frontière. A Tarija, il refusait de faire partie d'une expédition militaire pour ne pas aliéner son indépendance, et, livré à ses seules ressources, s'engageait résolument dans le grand Chaco, où le souvenir de Crevaux était encore vivant.

M. Thouar put interroger un témoin oculaire du massacre, le jeune Bolivien Ceballos, relâché par les Indiens, après cinq mois de captivité. Ceballos avait vu tomber Crevaux, Ringel et Billet; Haurat et Blanco s'étaient enfuis. L'interprète de la mission, Yahuanahua, confirma ce récit. Mais bientôt M. Thouar acquit la triste certitude que les deux prisonniers, épargnés d'abord à la prière de l'Indienne Yalla, avaient succombé au bout de six mois, après d'horribles souffrances. Il put même reconstituer, presque jour par jour, l'itinéraire des voyageurs jusqu'au 27 avril : on nous saura gré d'en indiquer les principales étapes.

Le gouvernement bolivien, directement intéressé à l'exploration du Pilcomayo, avait offert à Crevaux la direction d'une expédition armée. Le docteur, qui voulait conserver à sa mission un caractère pacifique, refusa, sans repousser le concours dévoué et précieux des franciscains de *Solano* (1). Le préfet apostolique, le P. Doroteo, lui amena une jeune Toba, Yalla, parente de plusieurs chefs. Elle pouvait, pensait-il, faciliter à la mission la traversée du grand Chaco. Crevaux ne doutait pas du succès final ; mais

(1) Sur le haut Pilcomayo.

sa joie fit bientôt place aux plus graves appréhensions. Il sut, à *Ivitivi*, que les gens de *Caïza* étaient allés punir les Tobas de leurs maraudages. Tous ses efforts pour les faire rappeler restèrent inutiles : ils revinrent, le 30 mars, des bords du Pilcomayo, ramenant sept enfants prisonniers. Dès lors, les voyageurs étaient exposés aux représailles des Indiens.

D'abord très affecté, Crevaux retrouva promptement son sang-froid ordinaire. Il imagina de dépêcher aux Tobas l'Indienne Yalla pour les assurer de ses intentions pacifiques : « Pour qu'en une fois, lui dit-il en la quittant, se termine la guerre entre les tiens et nous, les blancs, je t'envoie, afin que tu leur portes mes paroles et qu'ils comprennent bien que nous ne voulons pas les tromper. Oui, cette fois sincèrement, nous voulons faire la paix. Nous renvoyons avec toi l'aîné des prisonniers, et si nous ne renvoyons pas les autres, c'est qu'ils sont trop petits et très fatigués ; mais je les amènerai. Dis bien surtout à ton père Galigagaë et aux autres capitaines Tobas, Chorotis, Noctenes, qu'ils viennent ici parlementer avec moi et faire ainsi la paix; ils n'ont à craindre aucune embûche: moi-même, j'en réponds sur ma tête! » L'Indienne Yalla ne reparut pas.

Déjà les Indiens s'étaient vengés sur la mission de Machareti. Crevaux, en l'apprenant, n'eut pas une défaillance : « Si je meurs, je meurs; mais si je ne risque rien, nous serons toujours dans les ténèbres. » Telles furent ses paroles.

Il avait visité le saut *Pirapo* en amont de San-Francisco, terminé ses préparatifs, fait construire les embarcations, réuni des renseignements sur le bas fleuve : il se décida à quitter San-Francisco. Les habitants de Caïza, redoutant tardivement les conséquences de leur expédition, offraient au docteur de l'accompagner jusqu'à Teyo, mais sans croire à son voyage. « S'ils ne partent pas, je partirai quand même », disait Crevaux au père Doroteo. Crevaux partit en effet, mais il ne se trouva personne à Caïza pour le suivre.

Ce fut un moment solennel : « Missionnaires, Français, Boliviens, Chrétiens, Indiens,

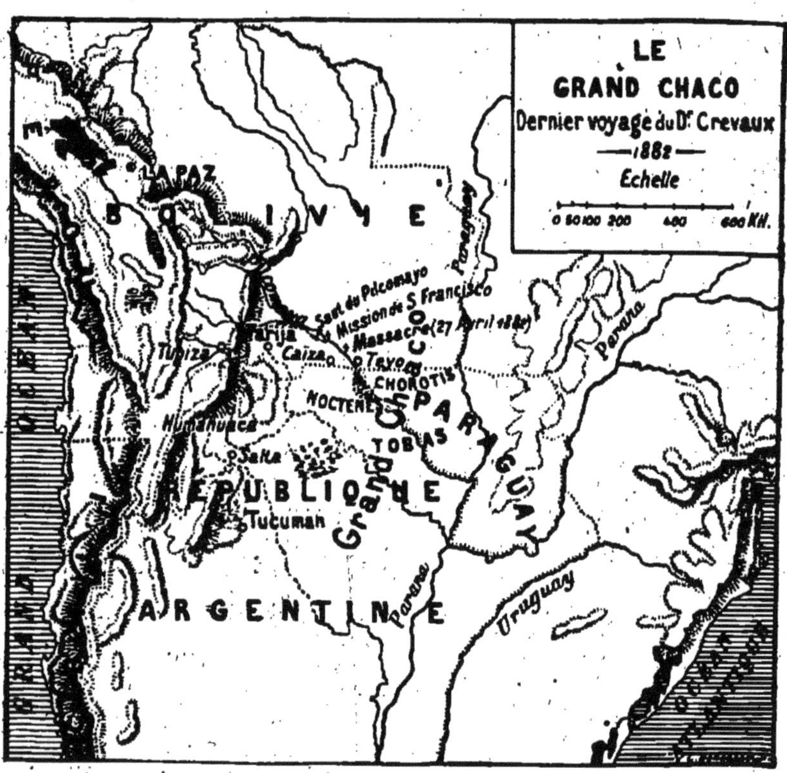

Le grand Chaco.

tous étaient émus, comme pressentant
instinctivement quelque chose de lugubre.
Au milieu des adieux et des cris, les quatre

embarcations disparurent à un coude du fleuve (1) ».

Dans la soirée du même jour, 19 avril, Crevaux atteignit *Irua*, d'où il écrivit cette courte lettre :

AU P. DOROTEO, PRÉFET DES MISSIONS.

« Nous avons fait la paix avec les Tobas; nous avons parcouru huit lieues sans incident. »

D'' JULES CREVAUX.

Le 20 avril. — L'expédition parvint à *Bella Esperanza.....* Les Tobas escortaient la mission sur les deux rives.

Le 21. — Halte au-dessus de ce point, une des embarcations faisant eau.

Le 22. — Arrivée à Teyo. Le docteur Crevaux couche seul au milieu des Tobas, dont le nombre augmente à chaque instant.....

(1) Conférence de M. Thouar.

Le 23 et le 24. — Le temps se passe dans des parages inconnus..... Crevaux se préoccupe de trouver un cours d'eau, parallèle au Pilcomayo, dont lui avait parlé le colonel Sola.....

Le 25. — On fait franchir aux canots une élévation de 3/4 de mètre qui formait un barrage au milieu de la rivière.....

Le 26.— Le nombre des Tobas est évalué à 2,000.....

Le 27. — A dix heures, la mission aborde sur une plage de sable (territoire de Teyo). Les Tobas convient les voyageurs à déjeuner, leur offrent du poisson et de la viande de mouton.....

..... Crevaux, Ringel et Billet descendirent les premiers; dans la deuxième embarcation venaient le jeune Ceballos, Haurat et Blanco. A peine débarqués, les explorateurs furent entourés par une foule considérable d'Indiens et massacrés à coups de couteau et de *makanas* (1). Ceballos, Haurat et

____

(1) Sortes de massues.

Blanco survinrent en ce moment. A la vue du danger qui les menaçait, ils se jetèrent à l'eau pour atteindre la rive opposée. Blanco et Haurat échappèrent d'abord aux poursuites. Le jeune Ceballos fut saisi par un Toba qui allait le tuer, lorsqu'un autre Indien s'empara de lui et le protégea..... ses deux compagnons prirent la direction du nord-ouest, mais ne tardèrent pas à être faits prisonniers.

« Après le massacre, les Tobas s'emparèrent des bagages, armes et munitions, puis mirent le feu aux embarcations, qu'ils laissèrent aller à la dérive. Quant à leurs victimes, ils les coupèrent en morceaux et chacun des capitaines en emporta dans son *ranchos,* comme trophée de victoire. Les Indiens s'étaient vengés à l'endroit précis où, peu de jours auparavant, les leurs avaient péri sous les balles des gens de Caïza (1). »

M. Thouar a pu recueillir quelques souvenirs de l'expédition : un baromètre Fortin, à demi brisé, resté à Tarija; une lettre de

(1) Conférence de M. Thouar.

Crevaux; un croquis du Pilcomayo, dessiné par Crevaux et annoté par Billet; un bordage d'embarcation.

La mission a succombé tout entière; mais c'est une âpre consolation que de savoir enfin comment et où elle a succombé; et de pouvoir suivre jusqu'au dernier moment le noble explorateur tombé pour l'honneur de son pays!

.   .   .   .

.   .   .   .

.   .   .   .

La science a perdu dans Jules Crevaux un explorateur de race et la France un patriote.

En moins de cinq ans il était devenu célèbre.

Par la découverte du Yari et du Parou, il avait transformé la situation géographique et économique de la Guyane française; par son voyage sur l'Iça et le Yapura, il ouvrait au commerce une voie de premier ordre; par l'exploration du Guaviare, il rattachait le bassin du Magdalena à celui de l'Orénoque: il se préparait à unir deux États par la conquête du Pilcomayo quand, par une amère dérision de la fortune, il périt sous le couteau des Tobas, lui qui avait échappé aux balles prussiennes!

« Sa façon d'agir était toujours la même et la seule praticable dans les régions qu'il a parcourues : remonter un fleuve jusqu'à sa source; franchir la ligne de partage des eaux et suivre celles du bassin opposé; se diriger toujours suivant les circonstances, puisqu'il était clair qu'on ne pouvait faire de plan pour voyager dans l'inconnu; s'embarrasser du moins de bagages possible afin de faciliter les trajets par terre en face des chutes ou des rapides infranchissables. On peut dire qu'il brûlait ses vaisseaux; car les difficultés pour revenir en arrière eussent été insurmontables, sur le Guaviare, par exemple, avec les ressources dont il disposait (1). »

La ville de Buenos-Ayres a élevé un monument aux membres de la mission Crevaux « *morts pour le service de l'humanité et de*

(1) E. Lejanne, *Notice sur J. Crevaux.*

la République argentine »; la France ne fera pas moins que l'Amérique. Déjà les pharmaciens et les médecins de la marine, à Brest, déjà les Sociétés de géographie ont organisé des souscriptions pour perpétuer la mémoire ou les traits du vaillant explorateur. Crevaux mérite une statue plus que beaucoup d'autres; mais son véritable monument, c'est son œuvre géographique.

En dépit des détracteurs systématiques, la question des colonies est devenue une question nationale. Grâce à de sérieux travaux, on commence à se douter que le génie de la France a accompli des merveilles ailleurs qu'en Europe; on s'est aussi rappelé qu'elle avait eu *le plus vaste empire colonial du monde* et que Louis XV l'avait perdu... « Longtemps, les gouvernements n'ont voulu voir dans les entreprises lointaines qu'un embarras de plus pour eux »; et l'auteur de ces lignes, qui écrit en 1845, ajoute ces paroles trop souvent vraies : « Quant à la foule, elle reste indifférente, à moins qu'une entreprise ne lui soit présentée avec le prestige d'une gloire militaire (1). » Avouons donc que nous valons mieux, au point de vue colonial, tout au moins, que nos devanciers de 1845. La mort du docteur Crevaux, ce brave Lorrain si Français, a ému douloureusement tous les cœurs; pas un journal qui ne s'en soit occupé, qui n'ait inventé une mission à sa recherche. « Aux déclamateurs, aux ignorants qui nieront l'esprit d'initiative, l'énergie et les infinies ressources que trouvent en eux-mêmes nos compatriotes à l'étranger, il suffira d'opposer les trois voyages du docteur Crevaux (2). »

(1) Cochut : *Guyane française, Revue des Deux Mondes,* 1845.

(2) Gaffarel : *Les explorations françaises,* page 283.

Les Français n'ont pas l'esprit colonisateur. Il est inutile de réfuter pour la centième fois cette ridicule erreur, que la malveillance et l'ignorance ont pieusement conservée jusqu'à nos jours. Elle est démentie par le passé; elle l'est aussi par le présent. Si des fautes ont été commises qui ont rendu les résultats plus tardifs et plus coûteux, ce n'est pas une raison pour nous lasser. Les maladresses et la ténacité de l'Angleterre, dont on vante trop la politique coloniale, sont là pour nous le prouver. La France commence aujourd'hui à recueillir les fruits de ses efforts récents, en Algérie, en Tunisie, au Sénégal, sur le Congo, au Tong-King; mais c'est surtout dans l'avenir qu'elle les récoltera. « On peut dire des colonies ce qu'on a dit du

Crevaux « était petit, trapu, d'une vigueur peu commune; il avait le front élevé et une flamme dans les yeux; on devinait en lui l'homme avide de savoir ». Son caractère était vif, enjoué; son journal, expressif sans phrases, nous le montre au naturel, simple et héroïque, spirituel, jamais méchant. Intrépide devant le danger, qu'il aimait, il le dominait toujours par son sang-froid et le prévenait souvent par sa décision. A la veille de partir pour Buenos-Ayres, les lenteurs administratives l'irritent et l'inquiètent; elles vont lui faire manquer la saison favorable : il n'attend pas que les crédits de sa mission soient ordonnancés; il se fait avancer les

chêne, remarque M. Leroy-Beaulieu : Il n'échoit pas à l'homme qui a semé le gland de prendre le frais sous les vastes rameaux de l'arbre qu'il a fait naître. Mais puisque La Fontaine, et avec lui tous les pères de famille prévoyants, ne trouvent pas qu'un octogénaire fasse une folie en plantant, une nation, pour qui les années équivalent à des heures, peut bien porter son regard en dehors du cercle étroit qui limite la vie individuelle des hommes; elle peut, elle doit assurer aux générations futures une part du domaine, si ce n'est inexploré, du moins inexploité du globe. »

(*Économiste*, 7 mars 1884.)

fonds par M. Crouan et se met en route (1).

Sa bonté égalait ses autres vertus. Il n'a jamais refusé un service à personne, et son dévouement pour ses amis était tel, qu'il proposa au ministre l'abandon d'une récompense promise, pour faire aboutir sa juste demande en faveur de M. Lejanne. « Espérons que les émotions de la lutte suprême lui auront épargné l'horrible douleur de songer à ses projets brisés, à sa tâche inachevée et surtout au chagrin que sa mort devait causer à ceux qui l'aimaient (2). »

Esclave de ses devoirs envers sa patrie, sa profession et la science, blessé par les Prussiens à Chaffois, mourant de la fièvre jaune aux îles du Salut, écharpé par les Tobas sur les bords du Pilcomayo, Crevaux était un patriote, dans le grand sens du mot.

(1) Cf. La lettre ci-jointe, qui est due à l'obligeance de M. Lejanne; c'est peut-être la dernière que J. Crevaux ait écrite en France.

(2) Lejanne, *Notice sur J. Crevaux.*

Il avait pour devise : « *Tiens bon!* » Une de ses lettres dit : « *Vaincre ou mourir!* »; il a payé de la vie sa première défaite: c'était un grand Français!

TABLE DES MATIÈRES

Saint-Denis. — Imprimerie Picard-Bernheim et Cie. — U. P.

LIBRAIRIE PICARD-BERNHEIM ET Cie
11, RUE SOUFFLOT, PARIS

NOUVEAU COURS D'ENSEIGNEMENT PRIMAIRE
**Rédigé conformément aux programmes officiels
du 27 juillet 1882**

COURS MOYEN ET SUPÉRIEUR

NOS DEVOIRS

ET NOS DROITS

ORGANISATION DE LA FRANCE. — DROIT USUEL
ÉCONOMIE POLITIQUE. — MORALE

LEÇONS FAMILIÈRES — LEÇONS COMPLÉMENTAIRES
RÉSUMÉS — LEXIQUE — EXERCICES ORAUX ET ÉCRITS
DEVOIRS DE RÉDACTION — 66 GRAVURES

PAR

A.-P. DE LAMARCHE

Auteur de la Méthode nationale d'écriture
Délégué de l'Association des Membres de l'Enseignement
Officier d'Académie

D'après Mme Henriette MASSY

Un joli volume in-18 jésus, soigneusement illustré.
Prix : 1 fr. 25

LEÇON COMPLÉMENTAIRE
DU CHAPITRE PREMIER

LES ADIEUX DES DÉPUTÉS DE L'ALSACE ET DE LA LORRAINE

Protestation déposée par les députés de l'Alsace et de la Lorraine au moment où l'Assemblée nationale de Bordeaux, le 26 février 1871, fut invitée à ratifier le traité de paix imposé par l'Allemagne.

« Les représentants de l'Alsace et de la Lorraine ont déposé, avant toute négociation de paix, sur le bureau de l'Assemblée, une déclaration affirmant de la manière la plus formelle leur droit de rester Français.

« Livrés, au mépris de toute justice et par un odieux abus de la force, à la domination de l'étranger, nous avons un dernier devoir à remplir.

« Nous déclarons encore une fois nul et non avenu un pacte qui dispose de nous sans notre consentement.

« La revendication de nos droits reste à jamais ouverte à tous et à chacun, dans la forme et dans la mesure que notre conscience nous dictera.

« Au moment de quitter cette enceinte où notre dignité ne nous permet plus de siéger, et malgré l'amertume de notre douleur, la pensée suprême que nous trouvons au fond de nos cœurs est une pensée de reconnaissance pour ceux qui pendant six mois n'ont pas cessé de nous défendre, et d'inaltérable attachement à la Patrie dont nous sommes violemment arrachés.

« Nous vous suivrons de nos vœux, et nous attendrons, avec une confiance entière dans l'avenir, que la France régénérée reprenne le cours de sa grande destinée

« Vos frères d'Alsace et de Lorraine, séparés en ce moment de la famille commune, conserveront à la France, absente de leurs foyers, une affection filiale jusqu'au jour où elle viendra y reprendre sa place. »

Au moment où M. Grosjean, député de l'Alsace, déposait cette belle protestation sur le bureau de l'Assemblée nationale, M. Küss, l'héroïque maire de Strasbourg, mourait de désespoir.

*Le plus souvent on n'*échange *pas,* l'on **achète,** c'est-à-dire qu'on donne de la **monnaie** contre la chose que l'on désire se procurer. Au fond, c'est toujours un échange : seulement il y a là une marchandise précieuse, le *cuivre,* l'*argent* ou l'*or,* qui est acceptée en échange contre n'importe quelle autre, et cela, dans des conditions déterminées par la loi.

DEUXIÈME LEÇON

LE TRAVAIL. — LE CAPITAL

— Mais d'où vient cet argent avec lequel vous achetez quelque chose ?

M. Arnaud, le père de Jean, vient d'acheter un beau

« Avec cela, » m'a-t-il répondu en me montrant ses deux bras.

lopin de vigne sur la colline en face. Je lui ai demandé avec quoi il l'avait payé : « Avec cela, » m'a-t-il répondu. en montrant ses deux bras robustes.

Avec cela, signifiait pour lui : avec mon travail.

LIBRAIRIE PICARD-BERNHEIM ET Cⁱᵉ. — PARIS

NOUVEAU COURS D'ENSEIGNEMENT PRIMAIRE
Rédigé conformément aux programmes officiels du 27 juillet 1882

NOUVEAU
COURS D'ARITHMÉTIQUE
ET DE GÉOMÉTRIE

PAR

UNE SOCIÉTÉ D'INSTITUTEURS

SOUS LA DIRECTION DE

M. E. COMBETTE

ANCIEN ÉLÈVE DE L'ÉCOLE NORMALE SUPÉRIEURE,
AGRÉGÉ DE L'UNIVERSITÉ, PROFESSEUR DE MATHÉMATIQUES
AU LYCÉE SAINT-LOUIS,
CHEVALIER DE LA LÉGION D'HONNEUR

Ouvrage composé sur un plan entièrement nouveau, avec gravures dans le texte. *(Cours élémentaire, 1ʳᵉ année)*. . . » **80**

Exercices et problèmes en rapport avec le cours élémentaire, par les mêmes (sous presse) . . . . »

COURS MOYEN *(Sous presse)*.
— **SUPÉRIEUR** *(En préparation)*.

NOUVEAU COURS D'ENSEIGNEMENT PRIMAIRE
Rédigé conformément aux programmes officiels du 27 juillet 1882.

VIENT DE PARAITRE

GRAMMAIRE

(Préparation au certificat d'études primaires)

PAR

M. ED. ROCHEROLLES

Ancien Élève de l'École Normale supérieure
Agrégé de l'Université, Professeur au Lycée Louis-le-Grand
et à l'École Normale supérieure d'Instituteurs

COURS MOYEN

CONTENANT

512 EXERCICES LITTÉRAIRES ET GRAMMATICAUX
ORTHOGRAPHE D'USAGE
EXERCICES D'INVENTION ET DE CONSTRUCTION DE PHRASES
FAMILLES DE MOTS. — HOMONYMES ET SYNONYMES
SYNTAXE. — RÉSUMÉS
DEVOIRS DONNÉS DANS LES EXAMENS DU CERTIFICAT D'ÉTUDES

Un beau volume de 264 pages : 1 fr. 25.

COURS ÉLÉMENTAIRE *(Sous presse)*. . . 1 volume.
COURS SUPÉRIEUR *(En préparation)*. . . 1 volume.

EXTRAIT DE LA PRÉFACE

La principale nouveauté de ce cours de grammaire consisté dans la **méthode** que nous y avons suivie.

Mettre d'abord sous les yeux l'**exemple** qui frappe, l'expliquer clairement et en déduire la **règle** ou la **définition**, tel est le plan de ce livre.

Nous nous sommes d'ailleurs appliqué à donner autant que possible aux enfants la raison des choses et à leur en montrer la suite. Avec cette méthode, on les habituera à entrevoir dans la langue française ce qu'ils n'y découvrent pas toujours, c'est-à-dire quelque raison et quelque esprit de suite.

La *théorie* est toujours accompagnée de **nombreux exercices** qui en sont l'application immédiate. Nous avons tâché d'y mettre de la variété, et de les rendre intéressants et instructifs.

Nous appelons particulièrement l'attention des maîtres sur les devoirs qui concernent les **synonymes**. Les élèves s'y habitueront à connaître la propriété des mots et à en distinguer les nuances.

L'étude des **mots de même famille** (c'est-à-dire la composition et la dérivation) occupe ici une place importante : il faut que les enfants sachent de bonne heure grouper les mots de même origine. Par ce moyen ils en pénétreront mieux le sens, étendront leur vocabulaire de proche en proche, et arriveront même à saisir la logique qu'il y a dans notre langue.

Enfin, si la grammaire est l'art « *de bien parler et de bien écrire* », il est utile de rompre même les commençants à la **construction des phrases et aux exercices de rédaction**. C'est là comme une récapitulation générale et pratique des règles.

Ce livre contient des **récits** de toute sorte. N'y aura-t-il pas profit à les faire reproduire librement de *vive voix* et par *écrit?* Les élèves finiront ainsi par devenir capables de traiter par eux-mêmes de *petits sujets de composition*.

Ils pourront faire voir, dans ces différents exercices, recommandés d'ailleurs par les **programmes officiels**, qu'ils ont retenu de l'enseignement grammatical autre chose que des abstractions, et qu'ils commencent « *à parler et à écrire correctement* » en français.

Ed. ROCHEROLLES.

LE NOM OU SUBSTANTIF

48. Louis, le tigre, la table. — Le mot *Louis* sert à nommer une *personne;* le mot *tigre* sert à nommer un *animal;* le mot *table* sert à nommer une *chose.*

49. Les mots *Louis, tigre, table,* sont des **noms** ou **substantifs.**

50. Définition. — Le *nom* ou *substantif* est un mot qui sert à **nommer une personne, un animal ou une chose.**

51. Remarque. — Les noms tels que *paresse, bonté,* servent à nommer des **qualités** : ce sont aussi des noms.

52. Les noms de *qualité* s'appellent **noms abstraits.**

53. Les noms abstraits tels que *foule, troupe,* etc., qui expriment une réunion, une *collection* de personnes ou de choses sont appelés noms **collectifs.**

Questions.

48. Qu'est-ce que le mot Louis sert à nommer? le mot tigre? le mot table? — **49.** Que sont ces mots? — **50.** Qu'est-ce que le nom? — **51.** Que désignent les mots paresse, bonté, etc.? — **52.** Comment s'appellent les noms de qualité? — **53.** Que désigne-t-on par noms collectifs?

Exercice 28.

Nommez, puis copiez en soulignant les *noms* dans chacune des phrases suivantes :

La pointe d'une montagne est un pic. — La modestie est le contraire de l'orgueil. — Le tigre est de la même famille que le chat. — Le bœuf, l'âne, le cheval sont des animaux utiles. — Les petits ruisseaux font les grandes rivières. — Le mont Everest, en Asie, est la montagne la plus élevée du monde. — Les premiers habitants de la France ont été les Gaulois ou Celtes.

Exercice 29.

1º Écrivez six noms de grands hommes que vous connaissez, ex. : *Christophe Colomb.*

2º Écrivez cinq noms d'animaux féroces, ex. : *une panthère;* cinq noms d'animaux domestiques, ex. : *un bœuf.*

3º Écrivez dix noms d'objets que vous voyez autour de vous dans la classe, ex. : *l'encrier.*

DEVOIRS DE RÉDACTION.

DONNÉS DANS LES EXAMENS DU CERTIFICAT D'ÉTUDES.

GARÇONS.

1. Une méchante action. — Vous avez appris que votre camarade Paul a maltraité un chien inoffensif. Vous lui écrivez pour lui reprocher sa mauvaise action.

2. La localité que vous habitez. — Vous écrivez à un de vos camarades une lettre où vous décrivez la ville ou le village que vous habitez, avec ses curiosités, les occupations des habitants, leurs plaisirs.

3. Les suites d'une désobéissance. — Inventez l'histoire d'un accident arrivé à un de vos camarades et causé par sa désobéissance aux ordres qu'il avait reçus.

Tirez du fait une conclusion morale.

4. Nécessité de l'instruction. — Vous avez un cousin qui n'aime pas l'école; il saisit toutes les occasions qui peuvent le dispenser d'y aller. (Citez-en quelques-unes.)

Comme vous lui portez beaucoup d'intérêt, vous lui écrivez pour tâcher de lui faire comprendre qu'il a grand tort d'agir ainsi; vous lui parlez de son avenir, des regrets qu'il se prépare, etc.

5. Le respect des vieillards. — Ernest s'est moqué d'un vieillard; son ami Louis, plus âgé que lui, lui écrit pour le ramener à de meilleurs sentiments.

FILLES.

6. L'orpheline. — Vous avez une cousine qui est orpheline. Votre père vous charge de lui écrire pour lui annoncer qu'il lui offre un asile chez vous. Vous lui dites ce que vous vous proposez de faire pour lui rendre son nouveau domicile agréable.

7. Comment on fait la lessive. — Dans une lettre, une jeune fille de la campagne fait connaître à son amie qu'elle vient, pour la première fois, d'aider sa mère à faire la lessive. Elle lui raconte, d'une manière détaillée, comment on opère pour laver le linge et pour veiller à sa conservation.

Elle termine en insistant sur les occupations de la ménagère et sur les avantages de l'ordre et de la propreté.

8. Utilité des travaux à l'aiguille. — Dans une lettre à une amie, vous exposez comment l'enseignement des travaux à l'aiguille est organisé dans votre école, et vous faites ressortir le plaisir que vous y prenez, ainsi que l'utilité que vos camarades et vous, vous en retirerez dans l'avenir.